I0220783

نسرين

أبجدية العشق

مؤسسة سندباد للنشر والإعلام

مؤسسة ثقافية تطرح مشروعًا ثقافيًا جادًا علـــى اعتبـــار أن الثقافـــة رسالة، من خلال تبني الإبداعات التجريبية الطموحة وتقـــديمها دون قيد أو شرط، مع احترام حرية التعبير، ورعايـــة وتقـــديم المواهـــب المتميزة للحركة الأدبية، والتعريف بالكاتب وتقديمه إعلاميًـــا، عبـــر وسائل الاتصال المختلفة، والدعاية الجادة للمنتج الأدبي.

الكتاب: نسرين أبجدية العشق ــ ديوان شعر

الكاتب: رياض القاضي ــ العراق

الغلاف للفنان أحمد طه

الطبعة الأولى: ٢٠١٦

الناشر: سندباد للنشر والإعلام بالقاهرة

المدير العام: محمد الجيزاوي

مستشار النشر: خليل الجيزاوي

المراسلة: khalilelgezawy@yahoo.com

للتواصل مع الناشر ت: ٠١٠٠٥٨٧٠٥١٤ +٠٠٢

رقم الإيداع: ٢٠١٦/٨٢٣٦

الترقيم الدولي: ٩ ــ ١٦٢ ــ ٧١٣ ــ ٩٧٧ــ ٩٧٨: I.S.B.N

رياض القاضي

نسرين
أبجدية العشق
ديوان شعر

دار سندباد للنشر والتوزيع
القاهرة ٢٠١٦

الإهداء

إلى المرأه التي أدخلتني مدرسة الحب.. بإمتياز

إلى من هي في الحياة .. حياة

فإليك تنحني الحروف حبًا

وأوراق الياسمين شوقًا

أنت أنثى: كالقهوة شهية اللون .. والرائحة

عذبة الابتسام ..صباحية الأشواق.

رياض القاضي

٢٠١٦

الباب الأول

نسرين

نسرين

....

نسرين آه يا نسرين

يا أميرة نامت على ثغرها

زهور الفُل والرياحين

ياجميلة شكت من رحيلها

البن والقهوة وأكواب الفناجين

أفتش بعد رحيلك

عن شعرك الأشقر والشفتين

أفتش عن القيصر

الذي سرق مني نسرين

*   *   *

آه لو تدرين

ياجميلة الجميلات

آه لو مازلتِ

لسطوري تعشقين

فأين أنتِ الآن؟

لا أجدكِ..

لا في منفاي

ولا بين سطور كبار الشعراء

ولا حتى في مجلدات الدواوين

فأخبريني كيف أجدك ؟

لكي أعتذر ما بدر مني

وأفتش عنك بين تقاويم السنين

غُصتِ كلؤلؤة

في أعماق البساتين

كبن قهوة فرنسية

بين أكواب الفناجين

فاخبريني برسالة وهمية

في أي سُنبلةٍ تختبئين ؟

طفتُ على أبواب العرّافات

لأسألَ أين نسرين ؟

همتُ بوجهي في الطُرقات

لأنكر اختفاء أميرة الرياحين

بحثتُ عنك في سجلات العاشقين

ولكن رُغم ما فعلت

لم أجد غير خطوط شيخوختي

في أسفل العينين

* * *

من سيلف حول كتفيك

شال الكشمير ؟

ومن سيقبل يديك الناعمتين؟

التي هي أرقى من التيجان

نسرين يا نسرين

ترُفيّن في خلدي

كحديقة ريحان

فأنت لي

أعظم من مُلك سليمان

وأشهى من عطر الياسمين

* * *

شوق الياسمين

....

يا حلوة زنابق الشمال

يانسرينة السماء والجبال

يامن فيكِ الآجّمُ والطيب

يامن توضأتُ بماء عشقك

فبردت أحشائي من نار هواكِ

وانطفأ اللهيب

* * *

تغزلتُ في اسمكِ أربعين عامًا

حتى حولتُ أصابعي

إلي قبيلة أصابع

حتى تلطختُ باسم نسرين

ونست أنثتي عشرات الأطنان

من رسائل الحبيب

كان حُبًا يمتطي صهوة سحابة الحب

قبل أن يقص هوانا مقصّ

الرقيب

* * *

كيف أنسى الجميلة

وقد تلطختُ بأمطار الحنين

أخبروني ياعشاق الفضاء

ويا ساكني السماء

بالله عليكم

أو هل يطيب الحب

في الشعر

وفي الكُتب

بدون ذكر اسم الحبيب؟

* * *

ها أنا أسبح في بحرها

وأعجن نهديها

في سطور الشوق

وأرفض زواج كتبي

من غيرها

فأخبروني بالله عليكم

كيف أصل إلي تلك الفاتنةُ

البعيد القريب؟

* * *

كلما تذكرت نسرين بكيت

....

كُلّما تذكرتُ نسرين

بكيت

وبكت معي قصائدي

وكُتبي ونخيل بلاد النهرين

كُلّما تذكرت فاجعة الحُب

أطلقت روحي للموت

والنحيب والأنين

وكالطفل بكيت

كُلّما تذكرت حبيبتي

عطشت

وعطشت معي الحمائم

والشعر وارتميت

على خصلاتها الصُفر

ومن زهورها وذكراها

ما ارتويت
* * *
أيبكي فنجان قهوتها ؟

ترى لما لها ما انحنيت ؟

ترى أكان كبرياء

أم بلحم رجولةٍ كاذبة اكتسيت؟

أم كان حبها سراب

أم بنهديها القداحين اكتسيت ؟

نسرين يا روحي

يا ركعة صلاة عاشق

يا حبًا لم يمت

ياعينين شماليتين

برحيلكِ عني

شقيت

* * *

المد يطويني

فقولي لأشرعة نهديك

عبي المدى الزيتي

وأحضني حبي

فلو كنتِ أنت قدري

ما كُنتُ انتهيت

* * *

نسرين الماضي

نسرين الحاضر

نسرين المستقبل

نسرين عطر الشمال

وإن مرضت

فبعطر نهديك

شفيت

* * *

أربع سنين عجفاء

....

تقدّمي حبيبتي وأبلغي الثلاثين

بركبتين بيضاء

ونهدك الحمراء كطوق الرياحين

تقدمي

وانثري غبار العشرين

وبددي لعنتك على سن الأربعين

فأنا بلغت الآن سن يأسي

فلا تنتظري مني سوى

شطب اسمي من سجل العاشقين

ارتكبت خطايا

وارتكبت الذنوب

لأني عشقت الشمس

وتركت الحب الماسوني

ورفضت جملةً من الزهور

واخترت الموت تحت سقف ..

أوراق زهرة النسرين

* * *

تقدمي بأنوثتك

وأطغي

وقلدي في الحب الأطفال

فمن شفة المحبوب

تتقطر حرائق العقيق

ولذة وجع الليمون

وأطواق الحنّاء

والياسمين

يانهدك الطائش

يامن سرحتُ في عطرك الخرافي

ياصاحبة الخصر الخيالي

أتوسل بين يد الرحمن

أن لا تسافري

وأخرجيني من إدماني

لأقراص الإسبرين

سيدتي

قد شنقني الوطن

وشنقني الزمان

وكتب عليّ الحب

أن أضحى في العشق شقيّا

فلا تكوني ياصاحبة النهدين المغرورين

في صدري مغرزوة

كطعنة رمح وثنية

* * *

كلمات متوحشة

....

من لهفة شحرورٍ

من لوعة مشتاق

من تنهدات زنبقة
* * *
ومن طغيان النسرين

ورحيق البنفسج

ومن تراتيل الميجنة
* * *
بحرارة الأدغال

وعشق الكلمات

وترانيم مئذنة

....

أكتب في ديواني الخمسين

وأعجن في سطورها

الدفلى والياسمين

وألعب كالطفل بين أصابعك الوحشية

وأتوغل في أدراجٍ عاجية

* * *

أتمر الأعوام

وترحل أساطير خصرك

وأتسي من نهدك الغوغاء

في خلدي كالمجنون يشع كسنبله

* * *

تركتِ خطك الأحمر يلعب بي

وحبك كتلميذ شيطان يتدلل

أتسائل يامليكتي ؟

نهدك المتسكع من بعدي

من سيلملمه ؟

ومن يُكوره؟

ومن يصوغه ؟

إن لم أكن لكِ من المولى

لأرضك العذراء أروع هديه

* * *

أخرجيني من الموت

....

تعالي

تعالي

أخرجيني من الموت

أخرجيني

من لهفة المحبوب

من سكرة النبيذ

فلا تتعالي

تعالي وأشعلي راية الشوق

فأنا بأمس حاجة إليكِ

فلا تتكابري

ياطفلة النسرين

ودفق الرياحين

* * *

تعالي مطرًا

تعالي صحوًا

تعالي أغنية

ولا تتعالي كالطاووس

يقطر ريشه نارًا

وأنقشيني على نهديكِ

كما الكلمات على الحجر

وأعجني على فمي

نهد طفولتك

فما بقى لي سوى

أن أتساقط خوفاً

وأنا كنت من قبلك

كائناً جائعًا

ورجلا مُنهارًا

* * *

أعتذر لو تودين

ولكن لا ترميني

مُتخشبًا

بين دخان السيجارة

أحبيني بعيدًا عن بغداد

بعيدًا عن مدن الخوف

بعيدًا عن الحضارة

أحبيني فأنت الزهوّ

والانتصار

* * *

تعالي ياغابة الحناء

تعالي واشطري ثغري

واكتبي ملهاتك على خطوط يدي

فما من بعدك شعرًا

ولا قرارًا

* * *

تعالي وأمضغي لحم المسافات

فلا عناوين لحبيباتي

ولا أعرف وطنًا

غير عينيك

وحرفين النون أخطهما

في غربتي كل مساء

من بداية اليمين إلى نهاية اليسار

* * *

ماتت راياتي

وماتت كُتبي

ومات كل شيء من بعدك

فأنت درر الخلجان

والمحيطات

وزرقة البحارَ

تعالي واعجنيني

في كف يدك

يا أميرتي الشرقية

ضعيني وضيّعيني

في أحراج يدك

فأنا أحارب فوق الدفاتر

أعوامًا

لأملأ اسمك وأكتب أنك

سجلتي على تاريخ النساء

انتصارًا

* * *

رسائل شتائية

. . . .

وأشرقتِ في فستانك الأبيض

وكأنمّا

قمرً أنار درب النجوم

في السما

بكت مقلتيّ على

جسدك الأبيض تبسما

وكأنّ من تسندين عليه نهديك

رجل خار من عشقك

كما أنا

طلا على مفرقيه الضعفا

وتسلّ مكرك به

تسلّمُا

* * *

ياحرف النون أحبك

حتى وإن قتلتيني بخنجر مسموم

تهجُمّا

أحب أن أضيع كطيور تشرين

في نهدك الهُمام

كما الحِما

ساد على أطرافي عشقك الأخضر

وقِلّما

أنسى نسرين الفيحاء

تحسُبا

أعِدُ في دروبِ نهديك شبابيكها

وشوارعها

عسى يوما تحّني

على المُشتاق لكِ

تألما

* * *

أحبك والباقيات خرافة

....

صوتكِ إدمان

وأنوثتك جبروت

وحلاوتك طغيان

فكيف أنعمُ من بعدك

بنعمة النسيان ؟

تقبيلك صلاه

أنعم به كل يوم

وشفتاك يُرضع العشق المُخمّلِ

وركبة بيضاء

تكسر بها أنوثة الأكوان
سأبني معبدًا

أسميه معبد نسرين

وأنشر فيه صور

الفل والرياحين

تغلغل خطاك

يهرق في دائرة

إن دارت خطاك

تأوه العقيق

ونسى المجد

تأريخ الفرسان

فأنا أحبكِ

وكل شيء من بعد اعترافي

خرافة
تنبذها الأديان

الباب الثاني
أبجدية العشق

كوكبُ عينيكِ

....

أتراني أكفكف الجروح

وأنام على زند الهوى ؟

ورفيقة صباي لا رجوع لها ؟

أذن لما النوحْ؟

وشعركِ المجدول بعيدًا عن ثغري

أمْ تعري الحروفُ

فوق تلال نهديك

أو في تثاليل الجروح..

صغيرتي يامن كنتِ

كركضةِ النبيذ

كصوت النسيم

كليلٍ تبوحْ

أ أستقيل ؟

أم أن الآوان قد جاء

لأغتسل من هذا الحُب

ياعريشةٌ كُسلى

أدني بقميصك المهدول

وأسقيني من عطر نهديكِ

فتلك علامات تبويب الحروف

طلاق امرأة

....

اليوم سجلت للشيطان ..... انتصاره

ورمى كل واحد منا ... أوراقه وكلامه

أتى صوتها الرخيم الحزين ... يولول

قالت: خانني .... فأين تبخر وفائه

كأستلال خنجر بؤس يمزقني اتهامه

فاليوم ...... أغلقت باب الهوى

وعجز لساني من نطق حبي أمامه

كنت كبرعم صغير .....أصدق كلامه

وضجّ الدم في أحداقه كالرعد.. أكرهها

باكية لآئمة خائفة أسأل ... كيف غدوت

كلؤلؤة الثلج ليالي في .... أحضانه

رماني كدمية عاث في لهوه الخراب

واحتسى من نهر جسدي خمر أيامه

أيقبل الهوى ؟

ما طاش بنا ...... من جفا

ويخلد حبنا ذكرى تكتب في دواوين أسفاره

فليهنأ الآن إبليس بكأس فراقنا ...

ويبشر بنجاح الخيبة .... أعوانه

رسالة غير معنونة

....

وتحت أقدامك

أريد أن أُذّوِبَ شذرات السُكر

وأنثر الفل والياسمين عليكِ

ياحبي الأشقر

أتخيل النجوم حبات لؤلؤٍ

تحت خصلات نهدك الأحمر

فلا تغطي شعركِ الممزوج

بعطر الليمون وسندسي العنبر

وانشري كلام الحب والهوى

لعل القدر الخجول يفيق ويعتذر

لمّا فرّقنا .. وانزوى .. في خصلات

شعركِ القدّاح .... الأشقر

النظارّة

....

لبست اليوم ..نظّارة

بشعري المفروق الأبيض..

تزيدني.......... نضارة..

فتفكرت في حبُبنا فوجدته

لم يكن حُبّاً .. بل كان انتقاماُ وشجارا

صاحبتي في الليل البارد المسكون

ألا سألتي يوماً كيف هوانا؟

نامقة أخيُلُنا .. ويلعبُ بنا الهوى حيارى

عيناي تحنوان من البرد على مفرق الدربِ

لا مِنَ الدفئ تغفو

* * *

بل ترتعش على جثثنا كالسكارى

فهل كان عنادكِ في العشق مُكابرة ؟

مراتي أنتِ فقط ترينني خائر الفكر

بشعري الأشيبُ .. المهدول

أستسلمُ لذكرى كانت تبوحُ

بموج الشوق تسيح كهديل الحمائم

وأنغامٌ سارحة ودخان سيجارة

امرأة تدّعي الثقافة

....

امرأة تدعي أنها تقرأ لي

تخربش بأظافرها أوراق شعري

وتهدم القوافي.. ووشت لغيري

إنها تعشق هدهدة كلماتي

وتحب في تلكم الرومانسيه

كجنون الأمواج عندما تتلاطخ في البحري

كاذبه ... ككذبة نهديك

ككذبة نيسان يهرهر غباره دهري

كحاملة النهدين تخبئ خلف ستارها

جنون الغيرة .... وألوان وزري

تدعين أنك مؤنثه .. حين تقرأين من سطري

إلا أنك لست إلا امرأة

زرعت نفسها في دربي

ومزقت بمكرها تراتيل شعري

خبئ قصائدك يا عراق

....

خبئ أيها العراق

قصائد الشوق

وافرش على الأرض

أكفانا وقطرات الدموع

ولاتناجي بعد الآن أبنائك

لأنهم غدو فيالق تقتل

تقتل رياحين الشرف

وتشتت الجموع

خبئ

كل قطرة يتيم ذرف الدمع

دما .. ولكأ الصخر خبزا

وخبئ بين أحشائه

فقرات البؤس

وبعضا من كبرياء الخشوع

* * *

عراقي

يا بلدي

يا قوة الأجداد

يا بحر العجائب

يا مظلة الرحاب

تضمدّي

بعباءات الأرامل

وأكفان شهدائك

سيحين الآوان يوما للفرسان

وتؤذن المآذن باخبار الرجوع

بغداد والله

كل دمعة محروم

في عيده وعُرسه

سيرقصون يوما

بشهادة الأشراف

ويكللون صبركِ

بالفلّ وصلوات تزيّن أرضك

بتكبيرات الخشوع

فخبئ اليوم

قصائدك

لأن الاحتفال بها

سنكللها بالدموع

خطاب إلى كل من هن نسرين

من أنا بعد نسرين؟

من أنا بعد أن نفتتني

تلك النهدين اللّوزيتين

ومن أنا بعد رحيلك ؟

فلا داعي للتعويذات

فأنا في داخلي الحب

والشباب مُعْتَمينْ..

فكيف وكيف ثم كيف

أخبئ عنك منحدرات ليلي

أو صوتك الصادح على أسماع

بعضا من حنين

أنت زهرة عشوائيه

ضربت رمالي

كموج مجنون

طلعت على أشلائي

كفرس لاتعرف

المرور الأعلى

معلقات الشجون

أضعت لغتي

أضعتُ صلاتي

وأضعتُ هويتي

أضعت على خيالات سقف حجرتي

خيالي

وعلى كتب مكتبتي أضعت

الكلمات ومدادي

لآكتب عنك

وعن نهدين تاريخيين

هُنّ

نهداي نسرين

* * *

عُرفُكِ المهووس بقتلي

شمعاتكِ السبعة والعشرون

عيناكِ

مكركِ

جعلوا مني أن أشعر

أنني مازلتُ أعيش في مكان ما
في زاوية الأرواح الميتة

أخبريني كيف؟

كيف ؟

من كلماتي صيغا

ونهجا وتراثا

ترتقي أفكارها من الأقمار المرتفعة

ومن جداول حواراتي العقيمة معكِ

* * *

فإلى أينَ سترتقين ؟

وإلى أي مستوى ستبعثك تلك الهواجس

فنحن لن نتخلّدْ أو سنسافر

في الأبدية البلهاءْ

فإلى أين سترتقين ؟

كفاك يا نسرين

قصائد تحترق

– من سلسلة غصون متساقطة –

....

الآن أدركتُ أنّ لا امرأة

منذُ رحلتِ

حزينةً جمّلت بحُزنها

الحزن

بكلماتٍ شهية

أحلى من توابل الجنوب

أعرف أنك لن تمُدين يديك للرجوع

وسأظل مرهقا أسير دخان السكائر

والشحوب

أمدُ يدي لأُطعم عصافير الصباح

وأزرعُ في كل بقعة من حدائقي

وردة الكاردينيا

وبعض من الفُلّ

وذكريات هزيلة

بقت من بقايا

ذلك القدر اللعوب

* * *

يا مدفن الخريف

من سيعود منا؟

أم أنني كنت أبحث في عينيك

سرابا من أشرعة الغروب

على مرقد ذلك العقيق الراجف

أسمع نهد أنفاسك

وحلمتاك كيف اشتعلتا

كزهرة أجملت في أحضان

دُمى رجل خائف

تزجره كوابيسه

ويضيع بين موجه الطائف

لن تناديني أنوثتك بعد الآن

للقاء أخير..

معطرٍ شاغف

انتهى ؟

وتلك الحلمتان

وحنون الصدى

ما زلت أشم

عطر اسمك

وزهرة الكاردينيا

وأرِف

فألقي بقلبك إذن

واحرقي قصائدي

فلعل الرقة تعيدك

أو بُوحِكِ الجميل الخاطف

* * *

الاعتذار ممنوع

....

ولأنني أصبحتُ أعرف معنى النساءْ

قررتُ بأنْ لا أعتذر

مهما كانت فداحة أغلاطي

....

تراتيل مشاكسة

....

لم تكوني مخلوقة بعد يا سيدتي

عندما اختزلت من حروف نهديك

شِعراً

فطلبتُ من ظلال شعركِ

وخيال خُصركِ

أن يَخلقَا لي من بين أضلُعكِ

لي قَدرا

لأُحاربَ بها الأثداءْ المفخخة

وانثر أوراقي على شرفات

طابور العاشقين

فكلما ودعت عشقا وعشقا

ازدادت في قلبك الجورا

وترفضين أن أكون وسيما

أو حتى رجلٌ عاشق وفقير

أو عصفورا

أخبريني أيتها السمراء

كيف أتعلم تراتيل العشاق

لاتطرحيني على قلبك

أتوسلُ منك الحب

فقد شبِعتْ السيئات منا

أعذارا

تغيرت جغرافية جسدي

اضمحل كل شيء

حتى تقاسيم الضحك

ضجّ بالعنف

وحمل حقائبه

وتركني مسرورا

فقررت أن أمتطي السحاب

وأغوص بين أنهاد أخرى

لا تعرف غير الكأس

وسجائر رخيصة

لاتقتليني توقفي

فأنا أريد أن أُدفنَ

ببقايا لحمي

فالموت أصبح رحمة

في زمن اليباس

وزمن التحديات

فكيف أستريح إن فارقتك

في أحضان امرأة ثمله أخرى؟

كانت متعتي

بالجمل الحضاريه

التي كانت تطلق الضوء الأخضر

لابدأ بها من نهديك

وأنتهي بالخُصرا

وأنهي قرقعات الكلمات البائسه

وأستنشق من ظفائرك

عطر الشوق

وأصلي بين الذكريات

صلاة الفجرا

هل ستكونين ضوءا مسموعا

يوما؟

أم ستبقين كا لتراب على كتابي

وشمعة ذكرى ؟

* * *

أشكيكَ لِمَنْ؟

....

أ مِنْ حبٍ أبكي؟

أم من جانيةٍ

لا مِن فراقي

ولا مِنْ حبٍ يشتكي

أحبائنا في أحضاننا كانوا

كالمستكِ

ولما رحلوا

مزقوا حُبُنا

ومضوا

كالمركبِ

يا مصطنعة الحب

توقفي

ألم يحن قلبك

لعاشق أحرق قلبه

من البَكِ

أمضي

أمضي

وعين ربي

يرعاكِ

ولا تتوقفي

فأنت ماضية

لأحضان رجلٍ

وزواياهُ المُخادعِ

لا تتذكري رجولتي

ولا تتعودي

على رسائل الفجرِ

وسحر مطالعي

تلك الحروف طرزتها

من مرايا أشعاري

وإخلاصَ راكعي

* * *

من الخاص إلى العام

....

....

(١)

ما زلتُ أسير نساءْ الشرق

لا ثورة على تخاريف الشرق

فسبيايا الشرق نسينَ الحريه

حوّلنَ من الشمس إلى مقبرة سوداءْ

وضحايا أحلام

وهميه

وأعيُنهنّ إلى حقول الشتاتْ

لا أثر لشطيرة الأنوثه

ولا حتى شواطئ زرق

وسواحلها المهجورة الرمليه

تحولنّ إلى جاريات

لاحجّ لهن

وأحرقوا عليهن ثياب الياسمين

وأشكال الحوريات

وسطوح البيوت

تدمرت

فماذا بقى من هندسة العشق؟

وهل ما زلن العذارى؟

يفكرن أن يزفن على سرير

تغرق بأزهارٍ بنفسجيه

(٢)

أينَ أغرس ظفري

بلحم الغيوم؟

أين أنهي مراسي شوقي؟

في ماء المرايا المهجوره؟

جمالهن المتشاوف مره

والحب المتناثر مره

أاو أكتب شعرا

لا يجد من يعجنها

في الناهد

تُهجر أبياتها كالزغب المتناثر

(٣)

كَتبَ ديننا

شيوخ لا تعرف الكتابه

وأصبحت قضية الحب

إشكالية كمدن غربت

ولن تعود

يحملن الحقائب إلى الحدود

ويحملن غشاء البكريه

في أضلاعهن

ولا يسلمن

يا نساء الشرق

يامن أنتن كحمائم الجوامع

أنني أبكي عليكن

فما زال في كل بقعة من أرض العرب

عناترة يمزقون أوراقكن

فكيف يكون فيّ فيض البكاء؟

(٤)

كيف أنزع الشمع الأحمر؟

كيف أحرر نساء الشرق

وكُلّي رماد

أحترق في عتمة الليل

لا أموت

ولا أجيد الانتحار

كيف سأقاوم هذا الشتات ؟

وكيف سنقتل المجتمع المخملي

ونحنُ الآن نقتل رُسُلُ الحب

تحت أعين الملائكه

يرقبون ويرقبون

إلى أن يُقطّعن ويصبحن

في جنة الأبرار

أحبٌّ كان ؟

....

أ أقولُ أحبّتني؟

لا ... كانت ذي شهوةٍ

وأنا ذلك الدنجوان

ممثلة فاشلة أنتِ

وأنا شجرة من نار

أداعب كالأحمقُ

تلك الناهدان

حسبتُكِ كالطفله

تُكرجين كلماتك على جبيني

كطفلة السنديانْ

قرقشتُ كرات الثلج

شوقا عند كل شرفةِ

موعدٍ جديد

وفي النهاية

صِرتِ لُعبةً بين

شخصين

ياذي حجاب الوردي

أو الأحمر

أو البني

كانت ساعات لندن تُضبط

أوقاتها على سِعَةِ عينيك

وأنا أُصلي بين طيّاتِ شالك
تقدحني عند شفا شفتيكِ

حالة من التبخر

والهذيان

أدغال شعركِ الأسود

أذهلتني

أذ لم يعد بوسع الشِعر

أن يوصفكِ

وحتى الخيول الخشبيه

لم تعد تُجيد الصهيل

فعلى ضياء عينيك الماكرتين

صلبتُ في ذبذبات صوتي

وفي كتاباتي

شامات الناهدين

سلطانة الشعر

....

سلطانة الشعر

مَحتني

ومن قصائدي

وغرائزي غسلتني

تلك الينبوعةُ

في كل أسفاري

احتلّتني

ومن جنون إلى جنون
شاطرتني
* * *
لاتقلقي

فأنت مدني

لا تحزني

فأنت

عاصمتي

يا آخر امرأه

تُطفئ تراث مجدي

فأنت كنجمة الصيف

عندي

كسنابل القمح
أغازل خُصركَ

وشَعركِ

الموصول بنهديكِ

وأُريحُ ظفائركِ على

زندي

* * *

لا تقلقي

لا تقلقي

سأرتاح من النساء

وسأترك المقاهي

وأغوص في عصركِ أنتِ

لن أقبل تحرير بيت شِعرٍ

أو أكتب تاريخا

من دون تتويجها

بوحي ثدييكِ

وقلاع خُصركِ

وسأقتل حضارة الضجرِ

وأعدك أن أخرج بنثري

عن القوانين

وأجمع طرابين الورود

وأهديها

لشفتيكِ

السيرة الذاتية

** رياض القاضي

– ولد في بغداد ١٩٧٤

– دخل معهد إعداد المعلمين ولكن بسبب حرب الخليج لــم يكمـل دراسته

– كتب قصص قصيرة للأطفال وهو في سن ١٥ وشارك فـي عـدة مسرحيات

– في عام ١٩٩٢ دخل الإعلام والتوجيه السياسي وعمل في مجلتها الأسبوعية

– في عام ١٩٩٨ أنهى دراسته الإعدادية وترشح لمعهد ضباط الأمن العالي

– واجهته مشاكل سياسية ممّا اظطره لترك العراق عام ١٩٩٩ ولـم ينقطع عن مقالاته طول فترة تغربه

– مقيم في لندن ويعمل الآن صحفي في إحدى الصحف العربية

– كتب عدة مقالات وانتقد الوضع في العراق

– أصدر عدة كتب من أهمها: المصير مذكرات مواطن عراقي أحدب بغداد/ رواية نسرين/ مجموعه قصصيه الحريـق والرمـاد/ ديـوان نسرينيات/ ديوان أبجدية العشق/ ديوان عصر النساء/ خواطر بغـداد/ ديوان شعر كهرمانه والغزاة/ ديوان شعر

ـعدد كتبه الصادره ٢٣ كتاب على امازون Riyad Al kadi

ـ نسرين أبجدية العشق ــ ديوان شعر ــ دار سندباد للنشر والتوزيع بالقاهرة ٢٠١٦

** للتواصل مع الكاتب:

ahmad_1974@live.co.uk

الفهرس

أحدث إصدارات دار سندباد للنشر والتوزيع بالقاهرة

٢٢٤ ــ وهم امتلاك الأمكنة ــ شعر ــ خالد رطيل ــ مصر

٢٢٥ ــ الراعي والبيض ــ قصص ــ د. كمال الديسن حسين ــ مصر

٢٢٦ ــ بين ليلة وضحاها ــ قصص ــ سحر حمزة ــ الأردن

٢٢٧ ــ بستان الكلام ــ نصوص ــ منال الحداد ــ مصر

٢٢٨ ــ السيمفونية الخالدة/ الحكيم في باريس ج ١ ــ عاطف يوسف ــ مصر

٢٢٩ ــ السيمفونية الخالدة/ طه حسين في باريس ج ٢/ عاطف يوسف/مصر

٢٣٠ ــ السيمفونية الخالدة/ رفاعة في باريس ج ٣ ــ عاطف يوسف ــ مصر

٢٣١ ــ يوم الإبحار ــ مسرحية ــ بوبكر فهمى ــ المغرب

٢٣٢ ــ المحروسة ــ رواية ــ محمد شاكر الملط ــ مصر

٢٣٣ ــ معراج الحب ــ شعر ــ د. محمد فيصل ــ مصر

٢٣٤ ــ الحِجَاجُ في الشعر العربي ــ دراسة ــ د. عصام خلف كامل ــ مصر

٢٣٥ ــ أخيرًا أنا ــ قصص ــ عبد الفتاح صبري ــ مصر

٢٣٦ ــ برق الماء ــ نصوص ــ عبد الفتاح صبري ــ مصر

٢٣٧ ــ الإخوان المسلمين والسقوط إلي الهاوية ــ خديجة الحاج مجيب

٢٣٨ ــ جَرّب تبقى مكاني ــ ديوان شعر بالعامية ــ وليد الوصيف ــ مصر

٢٣٩ ــ مقاس أصغر ــ دليلك للوصول للوزن المثالي ــ سمر كامل ــ مصر

٢٤٠ ــ وصول ــ قصص قصيرة جدًا ــ فادية إبراهيم ــ مصر

٢٤١ ــ أشباح الليل ــ قصص قصيرة ــ يوسف كامل ــ مصر

٢٤٢ ــ أبجدية العشق ــ ديوان شعر ــ رياض القاضي ــ العراق

٢٤٣ ــ عودة يوسف ــ رواية ــ أحمد البدري ــ مصر

منافذ توزيع إصدارات دار سندباد للنشر بالقاهرة

١ــ مكتبات العبيكان ــ الرياض ــ وفروعها بالمملكة العربية السعودية

٢ــ مكتبة دار الكتاب العربي ــ شارع الحلبوني ــ دمشق ــ سوريا

٣ــ مكتبة مدبولي ــ ٢ ميدان طلعت حرب ــ القاهرة

٤ــ مكتبة كنوز ــ ١٤ شارع جواد حسني ــ القاهرة

٥ــ مكتبة عمر بوك استور ١٥ شارع طلعت حرب ــ القاهرة

٦ــ مكتبة البلد ــ ٣١ شارع محمد محمود ــ ميدان التحرير ــ القاهرة

٧ــ مكتبة آفاق ــ ١ شارع كريم الدولة ــ بجوار آتيلييه القاهرة ــ القاهرة

٨ــ مكتبة دار العربي للنشر ــ ٦٠ شارع القصر العيني ــ القاهرة

٩ــ مكتبة ليلى ــ ١٧ شارع جواد حسني ــ شارع قصر النيل ــ القاهرة

١٠ــ مكتبة سندباد ــ ١ شارع أبو بكر خيرت ــ خلف البورصة ــ القاهرة

١١ــ مكتبة سنابل ــ ٥ شارع صبري أبو علم تقاطع شارع شريف ــ القاهرة

١٢ــ مكتبة رؤية ــ شارع البطل أحمد عبد العزيز ــ باب اللوق ــ القاهرة

١٣ــ مكتبة نفرو ــ ٢ حارة الجنايني ــ شارع معروف ــ القاهرة

١٤ــ مكتبة بورصة الكتب ــ ٢٥ شارع شريف ــ القاهرة

١٥ــ مكتبة دار حراء ــ ٣٣ شارع شريف ــ القاهرة

١٦ــ مكتبة الفيروز ٣٧ شارع شريف ــ القاهرة

١٧ــ مكتبة آدم ــ جراند مول ــ الدور الأرضي ــ المعادى ــ القاهرة

١٨ــ مكتبة الكتب خان ــ ٢ شارع اللاسلكي ــ المعادى الجديدة ــ القاهرة

١٩ــ مكتبة منشأة المعارف ــ محطة الرمل ــ الإسكندرية

٢٠ــ مكتبة سندباد ــ ٣١ شارع توفيق الحكيم ــ نجع حمادي ــ محافظة قنا

www.ingramcontent.com/pod-product-compliance
Lightning Source LLC
Chambersburg PA
CBHW042131080426
42735CB00005B/145
9789777131629